公平竞争审查条例
公平竞争审查条例实施办法

中国法治出版社

公平竞争审查条例
公平竞争审查条例实施办法
GONGPING JINGZHENG SHENCHA TIAOLI
GONGPING JINGZHENG SHENCHA TIAOLI SHISHI BANFA

经销/新华书店
印刷/保定市中画美凯印刷有限公司
开本/850毫米×1168毫米　32开　　　　　　　　　　印张/1　字数/13千
版次/2025年4月第1版　　　　　　　　　　　　　　2025年4月第1次印刷

中国法治出版社出版
书号 ISBN 978-7-5216-5181-2　　　　　　　　　　　定价：5.00元

北京市西城区西便门西里甲16号西便门办公区
邮政编码：100053　　　　　　　　　　　　　　传真：010-63141600
网址：http://www.zgfzs.com　　　　编辑部电话：**010-63141673**
市场营销部电话：010-63141612　　　　印务部电话：**010-63141606**

（如有印装质量问题，请与本社印务部联系。）

公平竞争审查条例
公平竞争审查条例实施办法

中国法治出版社

目 录

公平竞争审查条例 …………………………………… （1）
公平竞争审查条例实施办法 …………………………… （8）

公平竞争审查条例

（2024年5月11日国务院第32次常务会议通过　2024年6月6日中华人民共和国国务院令第783号公布　自2024年8月1日起施行）

第一章　总　　则

第一条　为了规范公平竞争审查工作，促进市场公平竞争，优化营商环境，建设全国统一大市场，根据《中华人民共和国反垄断法》等法律，制定本条例。

第二条　起草涉及经营者经济活动的法律、行政法规、地方性法规、规章、规范性文件以及具体政策措施（以下统称政策措施），行政机关和法律、法规授权的具有管理公共事务职能的组织（以下统称起草单位）应当依照本条例规定开展公平竞争审查。

第三条　公平竞争审查工作坚持中国共产党的领导，贯彻党和国家路线方针政策和决策部署。

国家加强公平竞争审查工作，保障各类经营者依法平等使用生产要素、公平参与市场竞争。

第四条 国务院建立公平竞争审查协调机制，统筹、协调和指导全国公平竞争审查工作，研究解决公平竞争审查工作中的重大问题，评估全国公平竞争审查工作情况。

第五条 县级以上地方人民政府应当建立健全公平竞争审查工作机制，保障公平竞争审查工作力量，并将公平竞争审查工作经费纳入本级政府预算。

第六条 国务院市场监督管理部门负责指导实施公平竞争审查制度，督促有关部门和地方开展公平竞争审查工作。

县级以上地方人民政府市场监督管理部门负责在本行政区域组织实施公平竞争审查制度。

第七条 县级以上人民政府将公平竞争审查工作情况纳入法治政府建设、优化营商环境等考核评价内容。

第二章 审查标准

第八条 起草单位起草的政策措施，不得含有下列限制或者变相限制市场准入和退出的内容：

（一）对市场准入负面清单以外的行业、领域、业务等违法设置审批程序；

（二）违法设置或者授予特许经营权；

（三）限定经营、购买或者使用特定经营者提供的商品或者服务（以下统称商品）；

（四）设置不合理或者歧视性的准入、退出条件；

（五）其他限制或者变相限制市场准入和退出的内容。

第九条 起草单位起草的政策措施，不得含有下列限制商品、要素自由流动的内容：

（一）限制外地或者进口商品、要素进入本地市场，或者阻碍本地经营者迁出，商品、要素输出；

（二）排斥、限制、强制或者变相强制外地经营者在本地投资经营或者设立分支机构；

（三）排斥、限制或者变相限制外地经营者参加本地政府采购、招标投标；

（四）对外地或者进口商品、要素设置歧视性收费项目、收费标准、价格或者补贴；

（五）在资质标准、监管执法等方面对外地经营者在本地投资经营设置歧视性要求；

（六）其他限制商品、要素自由流动的内容。

第十条 起草单位起草的政策措施，没有法律、行政法规依据或者未经国务院批准，不得含有下列影响生产经营成本的内容：

（一）给予特定经营者税收优惠；

（二）给予特定经营者选择性、差异化的财政奖励或者补贴；

（三）给予特定经营者要素获取、行政事业性收费、政府性基金、社会保险费等方面的优惠；

（四）其他影响生产经营成本的内容。

第十一条 起草单位起草的政策措施，不得含有下列影响生产经营行为的内容：

（一）强制或者变相强制经营者实施垄断行为，或者为经营者实施垄断行为提供便利条件；

（二）超越法定权限制定政府指导价、政府定价，为特定经营者提供优惠价格；

（三）违法干预实行市场调节价的商品、要素的价格水平；

（四）其他影响生产经营行为的内容。

第十二条 起草单位起草的政策措施，具有或者可能具有排除、限制竞争效果，但符合下列情形之一，且没有对公平竞争影响更小的替代方案，并能够确定合理的实施期限或者终止条件的，可以出台：

（一）为维护国家安全和发展利益的；

（二）为促进科学技术进步、增强国家自主创新能力的；

（三）为实现节约能源、保护环境、救灾救助等社会公共利益的；

（四）法律、行政法规规定的其他情形。

第三章 审查机制

第十三条 拟由部门出台的政策措施，由起草单位在起草阶段开展公平竞争审查。

拟由多个部门联合出台的政策措施，由牵头起草单位在起草阶段开展公平竞争审查。

第十四条 拟由县级以上人民政府出台或者提请本级人民代表大会及其常务委员会审议的政策措施，由本级人民政府市场监督管理部门会同起草单位在起草阶段开展公平竞争审查。起草单位应当开展初审，并将政策措施草案和初审意见送市场监督管理部门审查。

第十五条 国家鼓励有条件的地区探索建立跨区域、跨部门的公平竞争审查工作机制。

第十六条 开展公平竞争审查，应当听取有关经营者、行业协会商会等利害关系人关于公平竞争影响的意见。涉及社会公众利益的，应当听取社会公众意见。

第十七条 开展公平竞争审查，应当按照本条例规定的审查标准，在评估对公平竞争影响后，作出审查结论。

适用本条例第十二条规定的，应当在审查结论中详细说明。

第十八条 政策措施未经公平竞争审查，或者经公平竞争审查认为违反本条例第八条至第十一条规定且不符合第十二条规定情形的，不得出台。

第十九条 有关部门和单位、个人对在公平竞争审查过程中知悉的国家秘密、商业秘密和个人隐私，应当依法予以保密。

第四章 监督保障

第二十条 国务院市场监督管理部门强化公平竞争审查工作监督保障，建立健全公平竞争审查抽查、举报处理、督查等机制。

第二十一条 市场监督管理部门建立健全公平竞争审查抽查机制，组织对有关政策措施开展抽查，经核查发现违反本条例规定的，应当督促起草单位进行整改。

市场监督管理部门应当向本级人民政府报告抽查情况，抽查结果可以向社会公开。

第二十二条 对违反本条例规定的政策措施，任何单位和个人可以向市场监督管理部门举报。市场监督管理部门接到举报后，应当及时处理或者转送有关部门处理。

市场监督管理部门应当向社会公开受理举报的电话、信箱或者电子邮件地址。

第二十三条　国务院定期对县级以上地方人民政府公平竞争审查工作机制建设情况、公平竞争审查工作开展情况、举报处理情况等开展督查。国务院市场监督管理部门负责具体实施。

第二十四条　起草单位未依照本条例规定开展公平竞争审查，经市场监督管理部门督促，逾期仍未整改的，上一级市场监督管理部门可以对其负责人进行约谈。

第二十五条　未依照本条例规定开展公平竞争审查，造成严重不良影响的，对起草单位直接负责的主管人员和其他直接责任人员依法给予处分。

第五章　附　　则

第二十六条　国务院市场监督管理部门根据本条例制定公平竞争审查的具体实施办法。

第二十七条　本条例自 2024 年 8 月 1 日起施行。

公平竞争审查条例实施办法

(2025年2月28日国家市场监督管理总局令第99号公布　自2025年4月20日起施行)

第一章　总　　则

第一条　为了保障公平竞争审查制度实施,根据《中华人民共和国反垄断法》《公平竞争审查条例》(以下简称条例),制定本办法。

第二条　行政机关和法律、法规授权的具有管理公共事务职能的组织(以下统称起草单位)起草涉及经营者经济活动的政策措施,应当依法开展公平竞争审查。

前款所称涉及经营者经济活动的政策措施,包括市场准入和退出、产业发展、招商引资、政府采购、招标投标、资质标准、监管执法等方面涉及经营者依法平等使用生产要素、公平参与市场竞争的法律、行政法规、地方性法规、规章、规范性文件以及具体政策措施。

前款所称具体政策措施,是指除法律、行政法规、地方性法规、规章、规范性文件外其他涉及经营者经济活动的政策措施，包括政策性文件、标准、技术规范、与经营者签订的行政协议以及备忘录等。

第三条 国家市场监督管理总局负责指导实施公平竞争审查制度，督促有关部门和地方开展公平竞争审查工作，依法履行以下职责：

（一）指导全国公平竞争审查制度实施，推动解决制度实施中的重大问题；

（二）对拟由国务院出台或者提请全国人民代表大会及其常务委员会审议的政策措施，会同起草单位开展公平竞争审查；

（三）建立健全公平竞争审查抽查、举报处理、督查机制，在全国范围内组织开展相关工作；

（四）承担全国公平竞争审查制度实施情况评估工作；

（五）指导、督促公平竞争审查制度实施的其他事项。

第四条 县级以上地方市场监督管理部门负责在本行政区域内组织实施公平竞争审查制度，督促有关部门开展公平竞争审查工作，并接受上级市场监督管理部门的指导和监督。

第五条 起草单位应当严格落实公平竞争审查责任，建立健全公平竞争审查机制，明确承担公平竞争审查工作的机构，加强公平竞争审查能力建设，强化公平竞争审查工作保障。

第六条 市场监督管理部门应当加强公平竞争审查业务培训指导和普法宣传，推动提高公平竞争审查能力和水平。

第七条 市场监督管理部门应当做好公平竞争审查数据统计和开发利用等相关工作，加强公平竞争审查信息化建设。

第八条 在县级以上人民政府法治政府建设、优化营商环境等考核评价过程中，市场监督管理部门应当配合做好涉及公平竞争审查工作情况的考核评价，推动公平竞争审查制度全面落实。

第二章 审查标准

第一节 关于限制市场准入和退出的审查标准

第九条 起草涉及经营者经济活动的政策措施，不得含有下列对市场准入负面清单以外的行业、领域、业务等违法设置市场准入审批程序的内容：

（一）在全国统一的市场准入负面清单之外违规制定市场准入性质的负面清单；

（二）在全国统一的市场准入负面清单之外违规设

立准入许可，或者以备案、证明、目录、计划、规划、认证等方式，要求经营主体经申请获批后方可从事投资经营活动；

（三）违法增加市场准入审批环节和程序，或者设置具有行政审批性质的前置备案程序；

（四）违规增设市场禁入措施，或者限制经营主体资质、所有制形式、股权比例、经营范围、经营业态、商业模式等方面的市场准入许可管理措施；

（五）违规采取临时性市场准入管理措施；

（六）其他对市场准入负面清单以外的行业、领域、业务等违法设置审批程序的内容。

第十条 起草涉及经营者经济活动的政策措施，不得含有下列违法设置或者授予政府特许经营权的内容：

（一）没有法律、行政法规依据或者未经国务院批准，设置特许经营权或者以特许经营名义增设行政许可事项；

（二）未通过招标、谈判等公平竞争方式选择政府特许经营者；

（三）违法约定或者未经法定程序变更特许经营期限；

（四）其他违法设置或者授予政府特许经营权的内容。

第十一条　起草涉及经营者经济活动的政策措施，不得含有下列限定经营、购买或者使用特定经营者提供的商品或者服务（以下统称商品）的内容：

（一）以明确要求、暗示等方式，限定或者变相限定经营、购买、使用特定经营者提供的商品；

（二）通过限定经营者所有制形式、注册地、组织形式，或者设定其他不合理条件，限定或者变相限定经营、购买、使用特定经营者提供的商品；

（三）通过设置不合理的项目库、名录库、备选库、资格库等方式，限定或者变相限定经营、购买、使用特定经营者提供的商品；

（四）通过实施奖励性或者惩罚性措施，限定或者变相限定经营、购买、使用特定经营者提供的商品；

（五）其他限定经营、购买或者使用特定经营者提供的商品的内容。

第十二条　起草涉及经营者经济活动的政策措施，不得含有下列设置不合理或者歧视性的准入、退出条件的内容：

（一）设置明显不必要或者超出实际需要的准入条件；

（二）根据经营者所有制形式、注册地、组织形式、规模等设置歧视性的市场准入、退出条件；

（三）在经营者注销、破产、挂牌转让等方面违法设置市场退出障碍；

（四）其他设置不合理或者歧视性的准入、退出条件的内容。

第二节　关于限制商品、要素
自由流动的审查标准

第十三条　起草涉及经营者经济活动的政策措施，不得含有下列限制外地或者进口商品、要素进入本地市场，或者阻碍本地经营者迁出，商品、要素输出的内容：

（一）对外地或者进口商品规定与本地同类商品不同的技术要求、检验标准，更多的检验频次等歧视性措施，或者要求重复检验、重复认证；

（二）通过设置关卡或者其他手段，阻碍外地和进口商品、要素进入本地市场或者本地商品、要素对外输出；

（三）违法设置审批程序或者其他不合理条件妨碍经营者变更注册地址、减少注册资本，或者对经营者在本地经营年限提出要求；

（四）其他限制外地或者进口商品、要素进入本地市场，或者阻碍本地经营者迁出，商品、要素输出的内容。

第十四条　起草涉及经营者经济活动的政策措施，不得含有下列排斥、限制、强制或者变相强制外地经营者在本地投资经营或者设立分支机构的内容：

（一）强制、拒绝或者阻碍外地经营者在本地投资经营或者设立分支机构；

（二）对外地经营者在本地投资的规模、方式、产值、税收，以及设立分支机构的商业模式、组织形式等进行不合理限制或者提出不合理要求；

（三）将在本地投资或者设立分支机构作为参与本地政府采购、招标投标、开展生产经营的必要条件；

（四）其他排斥、限制、强制或者变相强制外地经营者在本地投资经营或者设立分支机构的内容。

第十五条　起草涉及经营者经济活动的政策措施，不得含有下列排斥、限制或者变相限制外地经营者参加本地政府采购、招标投标的内容：

（一）禁止外地经营者参与本地政府采购、招标投标活动；

（二）直接或者变相要求优先采购在本地登记注册的经营者提供的商品；

（三）将经营者取得业绩和奖项荣誉的区域、缴纳税收社保的区域、投标（响应）产品的产地、注册地址、与本地经营者组成联合体等作为投标（响应）条件、加分条件、中标（成交、入围）条件或者评标条款；

（四）将经营者在本地区业绩、成立年限、所获得的奖项荣誉、在本地缴纳税收社保等用于评价企业信用等级，或者根据商品、要素产地等因素设置差异化信用得分，影响外地经营者参加本地政府采购、招标投标；

（五）根据经营者投标（响应）产品的产地设置差异性评审标准；

（六）设置不合理的公示时间、响应时间、要求现场报名或者现场购买采购文件、招标文件等，影响外地经营者参加本地政府采购、招标投标；

（七）其他排斥、限制或者变相限制外地经营者参加本地政府采购、招标投标的内容。

第十六条　起草涉及经营者经济活动的政策措施，不得含有下列对外地或者进口商品、要素设置歧视性收费项目、收费标准、价格或者补贴的内容：

（一）对外地或者进口商品、要素设置歧视性的收费项目或者收费标准；

（二）对外地或者进口商品、要素实行歧视性的价格；

（三）对外地或者进口商品、要素实行歧视性的补贴政策；

（四）其他对外地或者进口商品、要素设置歧视性收费项目、收费标准、价格或者补贴的内容。

第十七条 起草涉及经营者经济活动的政策措施，不得含有下列在资质标准、监管执法等方面对外地经营者在本地投资经营设置歧视性要求的内容：

（一）对外地经营者在本地投资经营规定歧视性的资质、标准等要求；

（二）对外地经营者实施歧视性的监管执法标准，增加执法检查项目或者提高执法检查频次等；

（三）在投资经营规模、方式和税费水平等方面对外地经营者规定歧视性要求；

（四）其他在资质标准、监管执法等方面对外地经营者在本地投资经营设置歧视性要求的内容。

第三节 关于影响生产经营成本的审查标准

第十八条 起草涉及经营者经济活动的政策措施，没有法律、行政法规依据或者未经国务院批准，不得含有下列给予特定经营者税收优惠的内容：

（一）减轻或者免除特定经营者的税收缴纳义务；

（二）通过违法转换经营者组织形式等方式，变相支持特定经营者少缴或者不缴税款；

（三）通过对特定产业园区实行核定征收等方式，变相支持特定经营者少缴或者不缴税款；

（四）其他没有法律、行政法规依据或者未经国务院批准，给予特定经营者税收优惠的内容。

第十九条　起草涉及经营者经济活动的政策措施，没有法律、行政法规依据或者未经国务院批准，不得含有下列给予特定经营者选择性、差异化的财政奖励或者补贴的内容：

（一）以直接确定受益经营者或者设置不明确、不合理入选条件的名录库、企业库等方式，实施财政奖励或者补贴；

（二）根据经营者的所有制形式、组织形式等实施财政奖励或者补贴；

（三）以外地经营者将注册地迁移至本地、在本地纳税、纳入本地统计等为条件，实施财政奖励或者补贴；

（四）采取列收列支或者违法违规采取先征后返、即征即退等形式，对特定经营者进行返还，或者给予特定经营者财政奖励或者补贴、减免自然资源有偿使用收入等优惠政策；

（五）其他没有法律、行政法规依据或者未经国务院批准，给予特定经营者选择性、差异化的财政奖励或者补贴的内容。

第二十条　起草涉及经营者经济活动的政策措施，没有法律、行政法规依据或者未经国务院批准，不得含有下列给予特定经营者要素获取、行政事业性收费、政府性基金、社会保险费等方面优惠的内容：

（一）以直接确定受益经营者，或者设置无客观明确条件的方式在要素获取方面给予优惠政策；

（二）减免、缓征或者停征行政事业性收费、政府性基金；

（三）减免或者缓征社会保险费用；

（四）其他没有法律、行政法规依据或者未经国务院批准给予特定经营者要素获取、行政事业性收费、政府性基金、社会保险费等方面优惠的内容。

第四节　关于影响生产经营行为的审查标准

第二十一条　起草涉及经营者经济活动的政策措施，不得含有下列强制或者变相强制经营者实施垄断行为，或者为经营者实施垄断行为提供便利条件的内容：

（一）以行政命令、行政指导等方式，强制、组织或者引导经营者实施垄断行为；

（二）通过组织签订协议、备忘录等方式，强制或者变相强制经营者实施垄断行为；

（三）对实行市场调节价的商品、要素，违法公开披露或者要求经营者公开披露拟定价格、成本、生产销售数量、生产销售计划、经销商和终端客户信息等生产经营敏感信息；

（四）其他强制或者变相强制经营者实施垄断行为，或者为经营者实施垄断行为提供便利条件的内容。

第二十二条 起草涉及经营者经济活动的政策措施，不得含有下列超越法定权限制定政府指导价、政府定价，为特定经营者提供优惠价格，影响生产经营行为的内容：

（一）对实行政府指导价的商品、要素进行政府定价，违法提供优惠价格；

（二）对不属于本级政府定价目录范围内的商品、要素制定政府指导价、政府定价，违法提供优惠价格；

（三）不执行政府指导价或者政府定价，违法提供优惠价格；

（四）其他超越法定权限制定政府指导价、政府定价，为特定经营者提供优惠价格，影响生产经营行为的内容。

第二十三条 起草涉及经营者经济活动的政策措施，不得含有下列违法干预实行市场调节价的商品、要素价格水平的内容：

（一）对实行市场调节价的商品、要素制定建议价，影响公平竞争；

（二）通过违法干预手续费、保费、折扣等方式干预实行市场调节价的商品、要素价格水平，影响公平竞争；

（三）其他违法干预实行市场调节价的商品、要素的价格水平的内容。

第五节 关于审查标准的其他规定

第二十四条 起草涉及经营者经济活动的政策措施，不得含有其他限制或者变相限制市场准入和退出、限制商品要素自由流动、影响生产经营成本、影响生产经营行为等影响市场公平竞争的内容。

第二十五条 经公平竞争审查具有或者可能具有排除、限制竞争效果的政策措施，符合下列情形之一，且没有对公平竞争影响更小的替代方案，并能够确定合理的实施期限或者终止条件的，可以出台：

（一）为维护国家安全和发展利益的；

（二）为促进科学技术进步、增强国家自主创新能力的；

（三）为实现节约能源、保护环境、救灾救助等社会公共利益的；

（四）法律、行政法规规定或者经国务院批准的其他情形。

本条所称没有对公平竞争影响更小的替代方案，是指政策措施对实现有关政策目的确有必要,且对照审查标准评估竞争效果后,对公平竞争的不利影响范围最小、程度最轻的方案。

本条所称合理的实施期限应当是为实现政策目的所需的最短期限,终止条件应当明确、具体。在期限届满或者终止条件满足后,有关政策措施应当及时停止实施。

第三章 审查机制和审查程序

第二十六条 起草单位在起草阶段对政策措施开展公平竞争审查,应当严格遵守公平竞争审查程序,准确适用公平竞争审查标准,科学评估公平竞争影响,依法客观作出公平竞争审查结论。

第二十七条 公平竞争审查应当在政策措施内容基本完备后开展。审查后政策措施内容发生重大变化的,应当重新开展公平竞争审查。

第二十八条 起草单位开展公平竞争审查,应当依法听取利害关系人关于公平竞争影响的意见。涉及社会公众利益的,应当通过政府部门网站、政务新媒体等便于社会公众知晓的方式听取社会公众意见。听取关于公平竞争影响的意见可以与其他征求意见程序一并进行。

对需要保密或者有正当理由需要限定知悉范围的政

策措施，由起草单位按照相关法律法规规定处理，并在审查结论中说明有关情况。

本条所称利害关系人，包括参与相关市场竞争的经营者、上下游经营者、行业协会商会以及可能受政策措施影响的其他经营者。

第二十九条 起草单位应当在评估有关政策措施的公平竞争影响后，书面作出是否符合公平竞争审查标准的明确审查结论。

适用条例第十二条规定的，起草单位还应当在审查结论中说明下列内容：

（一）政策措施具有或者可能具有的排除、限制竞争效果；

（二）适用条例第十二条规定的具体情形；

（三）政策措施对公平竞争不利影响最小的理由；

（四）政策措施实施期限或者终止条件的合理性；

（五）其他需要说明的内容。

第三十条 拟由县级以上人民政府出台或者提请本级人民代表大会及其常务委员会审议的政策措施，由本级人民政府市场监督管理部门会同起草单位在起草阶段开展公平竞争审查。

本条所称拟由县级以上人民政府出台的政策措施，包括拟由县级以上人民政府及其办公厅（室）出台或者转发本级政府部门起草的政策措施。

本条所称提请本级人民代表大会及其常务委员会审议的政策措施，包括提请审议的法律、地方性法规草案等。

第三十一条 起草单位应当在向本级人民政府报送政策措施草案前，提请同级市场监督管理部门开展公平竞争审查，并提供下列材料：

（一）政策措施草案；

（二）政策措施起草说明；

（三）公平竞争审查初审意见；

（四）其他需要提供的材料。

起草单位提供的政策措施起草说明应当包含政策措施制定依据、听取公平竞争影响意见及采纳情况等内容。

起草单位应当严格依照条例和本办法规定的审查标准开展公平竞争审查，形成初审意见。

起草单位提供的材料不完备或者政策措施尚未按照条例要求征求有关方面意见的，市场监督管理部门可以要求在一定期限内补正；未及时补正的，予以退回处理。

第三十二条 起草单位不得以送市场监督管理部门会签、征求意见等代替公平竞争审查。

第三十三条 市场监督管理部门应当根据起草单位

提供的材料对政策措施开展公平竞争审查，书面作出审查结论。

第三十四条 涉及经营者经济活动的政策措施未经公平竞争审查，或者经审查认为违反条例规定的，不得出台。

第三十五条 市场监督管理部门、起草单位可以根据职责，委托第三方机构，对政策措施可能产生的竞争影响、实施后的竞争效果和本地区公平竞争审查制度实施情况等开展评估，为决策提供参考。

第三十六条 有关部门和单位、个人在公平竞争审查过程中知悉的国家秘密、商业秘密和个人隐私，应当依法予以保密。

第四章 监督保障

第三十七条 对违反条例规定的政策措施，任何单位和个人可以向市场监督管理部门举报。举报人应当对举报内容的真实性负责。起草单位及其工作人员应当依法保障举报人的合法权益。

各级市场监督管理部门负责处理对本级人民政府相关单位及下一级人民政府政策措施的举报；上级市场监督管理部门认为有必要的，可以直接处理属于下级市场监督管理部门职责范围的举报。

市场监督管理部门收到反映法律、行政法规、地方性法规涉嫌影响市场公平竞争的，应当依法依规移交有关单位处理。收到反映尚未出台的政策措施涉嫌违反条例规定的，可以转送起草单位处理。

第三十八条　市场监督管理部门收到举报材料后，应当及时审核举报材料是否属于反映涉嫌违反公平竞争审查制度的情形，以及举报材料是否完整、明确。

举报材料不完整、不明确的，市场监督管理部门可以要求举报人在七个工作日内补正。举报人逾期未补正或者补正后仍然无法判断举报材料指向的，市场监督管理部门不予核查。

有处理权限的市场监督管理部门应当自收到符合规定的举报材料之日起六十日内进行核查并作出核查结论。举报事项情况复杂的，经市场监督管理部门负责人批准，可以根据需要适当延长期限。

第三十九条　市场监督管理部门组织对有关政策措施开展抽查。

抽查可以在一定区域范围内进行，或者针对具体的行业、领域实施。对发现或者举报反映违反条例规定问题集中的地区或者行业、领域，市场监督管理部门应当开展重点抽查。

对实行垂直管理的单位及其派出机构起草的有关政策措施开展抽查，由实行垂直管理单位的同级或者上级人民政府市场监督管理部门负责。

市场监督管理部门应当向本级人民政府及上一级市场监督管理部门报告抽查情况，并可以向社会公开抽查结果。

第四十条 对通过举报处理、抽查等方式发现的涉嫌违反条例规定的政策措施，市场监督管理部门应当组织开展核查。核查认定有关政策措施违反条例规定的，市场监督管理部门应当督促有关起草单位进行整改。

各级地方市场监督管理部门在工作中发现实行垂直管理的单位派出机构涉嫌违反条例规定的，应当逐级报送实行垂直管理单位的同级或者上级人民政府市场监督管理部门核查。

第四十一条 国家市场监督管理总局应当按照条例有关规定实施公平竞争审查督查，并将督查情况报送国务院。对督查中发现的问题，督查对象应当按要求整改。

第四十二条 起草单位未按照条例规定开展公平竞争审查，经市场监督管理部门督促，逾期未整改或者整改不到位的，上一级市场监督管理部门可以对其负责人进行约谈，指出问题，听取意见，要求其提出整改措施。

市场监督管理部门可以将约谈情况通报起草单位的

有关上级机关，也可以邀请有关上级机关共同实施约谈。

第四十三条 市场监督管理部门在公平竞争审查工作中发现存在行业、领域、区域性问题或者风险的，可以书面提醒敦促有关行业主管部门或者地方人民政府进行整改和预防。

第四十四条 市场监督管理部门在公平竞争审查工作中发现起草单位存在涉嫌滥用行政权力排除、限制竞争行为的，应当按照《中华人民共和国反垄断法》等有关规定，移交有管辖权的反垄断执法机构依法调查处理。

第四十五条 起草单位存在下列情形之一、造成严重不良影响的，市场监督管理部门可以向有权机关提出对直接负责的主管人员和其他直接责任人员依法给予处分的建议：

（一）违反公平竞争审查制度出台政策措施的；

（二）拒绝、阻碍市场监督管理部门依法开展公平竞争审查有关监督工作的；

（三）对公平竞争审查监督发现问题，经市场监督管理部门约谈后仍不整改的；

（四）其他违反公平竞争审查制度，造成严重不良影响的。

第五章　附　　则

第四十六条　本办法所称特定经营者，是指在政策措施中直接或者变相确定的某个或者某部分经营者，但通过公平合理、客观明确且非排他性条件确定的除外。

第四十七条　本办法所称法律、法规授权的具有管理公共事务职能的组织，包括依据法律法规，被授予特定管理公共事务权力和职责的事业单位、基层自治组织、专业技术机构、行业协会等非行政机关组织。

第四十八条　本办法自2025年4月20日起施行。

ISBN 978-7-5216-5181-2

定价：5.00元